# COLLECTION

DE

# M<sup>me</sup> LA COMTESSE LEHON

---

# TABLEAUX PRÉCIEUX

---

# OBJETS D'ART ET D'AMEUBLEMENT

---

## VENTE

LES MARDI 2 ET MERCREDI 3 AVRIL 1861

---

**M<sup>e</sup> CHARLES PILLET**

COMMISSAIRE-PRISEUR.

**M. Ferd. LANEUVILLE**       **MM. MANNHEIM**

EXPERT POUR LES TABLEAUX       EXPERTS POUR LES OBJETS D'ART

## PARIS

IMPRIMERIE A. PILLET FILS AINÉ

RUE DES GRANDS-AUGUSTINS.

# CATALOGUE

DE

# PRÉCIEUX TABLEAUX

## DESSINS ET AQUARELLES

DES ÉCOLES

ITALIENNE, FLAMANDE, HOLLANDAISE ET FRANÇAISE

ET DE

TRÈS-BELLES TABATIÈRES ET BONBONNIÈRES

DU TEMPS DE LOUIS XV ET DE LOUIS XVI

GROUPES ET STATUETTES EN MARBRE SCULPTÉ

PAR CLÉSINGER, ROUILLARD ET AUTRES

PORCELAINES DE CHINE ET DE SÈVRES, BRONZES MEUBLANTS

MEUBLES RICHES ET TAPISSERIES DES GOBELINS

COMPOSANT LA BELLE

## Collection de M<sup>me</sup> la Comtesse LEHON

DONT LA VENTE, POUR CAUSE D'EXPROPRIATION, AURA LIEU

## EN SON HOTEL, ROND-POINT DES CHAMPS-ÉLYSÉES, 9

### Les Mardi 2 et Mercredi 3 Avril 1861

A DEUX HEURES

---

Par le ministère de M<sup>e</sup> **CHARLES PILLET**, Commissaire-Priseur,
rue de Choiseul, 11,

Assisté de **MM. MANNHEIM**, experts pour les Curiosités, rue de la Paix, 10,

et de **M. Ferdinand LANEUVILLE**, expert pour les Tableaux,
rue Neuve des Mathurins, 73.

---

**EXPOSITION PARTICULIÈRE**    **EXPOSITION PUBLIQUE**

Le Dimanche 31 mars 1861    Le Lundi 1<sup>er</sup> avril 1861

*de midi à cinq heures.*

# CONDITIONS DE LA VENTE

Elle sera faite au comptant.

Les acquéreurs payeront, en sus des adjudications, *cinq pour cent* applicables aux frais.

---

## *Ce Catalogue se distribue :*

Chez MM.

| | |
|---|---|
| *A Paris,* | Charles PILLET, commissaire-priseur, 11, rue de Choiseul. |
| » | Ferd. LANEUVILLE, expert, 73, rue Neuve des Mathurins. |
| » | MANNHEIM, experts, 10, rue de la Paix. |
| *Marseille,* | BARON, RAMADES, DOUBERNARD, libraires. |
| *Lyon,* | HOETH, marchand d'estampes. |
| *Rouen,* | BILLARD, marchand de curiosités. |
| *Bruxelles,* | Étienne LEROY, expert du musée. |
| *Anvers,* | TESSARO, marchand d'estampes. |
| *Liége,* | VAN MARCKE, marchand d'estampes. |
| *Bruges,* | BOGAERTS, libraire. |
| *Gand,* | DUQUESNE, libraire. |
| *Londres,* | COLNAGHI, marchand d'estampes. |
| » | H. DURLACHER, 113, New Bond Street. |
| » | FARRER, 106, New Bond Street. |
| *Amsterdam,* | ROSS. |
| *Rotterdam,* | A. LAMME, artiste peintre. |
| *Cologne,* | HÉBERLÉ, marchand de curiosités. |

# AVANT-PROPOS

Les œuvres importantes que nous sommes chargés de vendre sont si connues des amateurs, que nous n'avons pas cru devoir désigner par des initiales seulement le nom de madame la Comtesse Lehon.

Chacun sait quel soin et quel goût éclairé elle apportait dans le choix de ce qui devait embellir sa demeure. Meubles, bronzes, marbres, porcelaines, enfin tout ce qu'elle a réuni dans le palais féerique qu'elle est obligée de quitter, et qui était entièrement sa création, le prouve surabondamment.

Les tableaux et les aquarelles sont peu nombreux, mais des plus importants dans le domaine de l'art; les cabinets très-connus dont quelques-uns ont fait précédemment partie en sont une suffisante garantie; aussi, pensant avec raison que des éloges ne pouvaient rien ajouter à leur mérite, reconnu depuis longtemps, elle nous les avait absolument interdits. Cependant nous ne pouvons nous empêcher de signaler l'admirable Joueur de vieille d'Adrien Ostade, digne par ses éminentes qualités de figurer avec succès dans les plus beaux musées; une Marine de Backuysen, un magnifique Weenix (Jean), un Calme de Van de Velde, les deux tableaux de Peter de Hoogh, un Portrait de femme par Rembrandt, deux Scènes d'intérieur par Terburg et par Netscher, enfin une belle Sainte Famille du Titien, etc. Arrêtons-nous; nous citerions tout, si nous ne consultions que le plaisir que chaque tableau nous a fait éprouver.

L'école moderne ne devait pas être dédaignée par un juge

d'un goût aussi sûr que délicat, qui apprécie sans parti pris et sans partialité les beautés de l'art partout où elles se rencontrent.

Qu'on nous permette donc de citer cette célèbre Sortie de l'école, une des plus étonnantes aquarelles de Decamps; un épisode de la bataille des Cimbres; ses Baigneuses; deux diamants de Meissonnier, le Liseur et le Peintre, et trois grandes et très-importantes compositions d'Alfred de Dreux, capables de rivaliser avec les plus belles productions de Sneyder.

Parmi les belles ventes de cette saison, celle-ci occupera certainement une place des plus importantes dans les souvenirs de l'année.

# PREMIÈRE VACATION



## ÉCOLE FRANÇAISE ANCIENNE

### GREUZE (J. B.)

**1. — Portrait de M<sup>lle</sup> de Courteille à l'âge de quinze ans.**

Debout, vêtue de blanc, le corsage de sa robe lacé avec des rubans roses; elle respire une rose qu'elle a prise dans une corbeille de fleurs placée sur son bras gauche.

La fermeté de pinceau qui caractérise ce joli portrait, que la famille de Courteille a conservé jusqu'en 1848, nous fait supposer qu'il a dû être peint à la même époque que le miroir cassé acheté par nous à la vente du cardinal Fesch, à Rome, pour M. le marquis d'Hertford.

Ovale. Toile. Haut. 77 cent. Larg. 62 cent.

# ÉCOLE FRANÇAISE MODERNE

## DE DREUX (Alf.)

2. — Chasse au faucon.

Toile. Haut. 3 mèt. Larg. 4 mèt. 30 cent.

## DE DREUX (Alf.)

3. — Départ pour la chasse.

Toile. Haut. 3 mèt. Larg. 4 mèt. 30 cen..

## DE DREUX (Alf.)

4. — Chasse au renard.

Toile. Haut. 2 mèt. Larg. 3 mèt. 30 cent.

## DECAMPS (1841)

5. — La Sortie de l'école.

Collection de M. P. Perier.

Aq. Haut. 57 cent. Larg. 78 cent.

## DECAMPS (1830)

6. — Chevaux de halage.

Aq. Haut. 27 cent. Larg. 31 cent.

## DECAMPS (1835)

7. — Femmes au bain.

Collection de M. P. Perier.

Aq. Haut. 26 cent. Larg. 39 cent.

## DECAMPS (1840)

8. — Episode de la bataille des Cimbres.

Collection de M. P. Perier.
Sépia rehaussée de blanc.

Haut. 70 cent. Larg. 1 mèt. 12 cent.

## MARILHAT

9. — Vue d'Orient.

Toile. Haut. 43 cent. Larg. 73 cent.


## MEISSONIER

10. — Un peintre à son chevalet.

Bois. Haut. 31 cent. Larg. 23 cent.


## MEISSONIER

11. — Le Liseur.

Bois. Haut. 25 cent. Larg. 17 cent.


## ZIEM

12. — Le Chariot valaque.

Toile. Haut. 1 mèt. Larg. 1 mèt. 57 cent.

# ÉCOLES FLAMANDE & HOLLANDAISE

## BACKUYSEN (L.)

**13. — Marine. Vue prise aux environs de Fles-
singue.**

Au premier plan, deux pêcheurs déchargent un panier, un troisième les regarde; à droite, deux hommes dans un bateau et un
troisième qui se dispose à y monter; plus loin quelques bâtiments
en pleine mer.

Toile. Haut. 72 cent. Larg. 98 cent.

## HOOGH (Peter de)

**14. — La Jeune Mère de famille.**

Une jeune femme allaitant son enfant est assise devant une cheminée où brille un bon feu, sur lequel un chaudron est suspendu;
une servante debout, un seau de cuivre passé au bras, écoute les
ordres que lui donne sa maîtresse, tandis qu'une petite fille la tire
par la main.

Peter de Hoogh, fidèle à ses habitudes, a enrichi ce tableau d'un
de ces effets de lumière dans lesquels il excellait; par la porte lais-
sée ouverte on aperçoit une partie de la ville frappée par le soleil;
cette opposition avec le jour calme qui règne dans l'appartement
produit un contraste des plus piquants.

Toile. Haut. 61 cent. Larg. 73 cent.

2

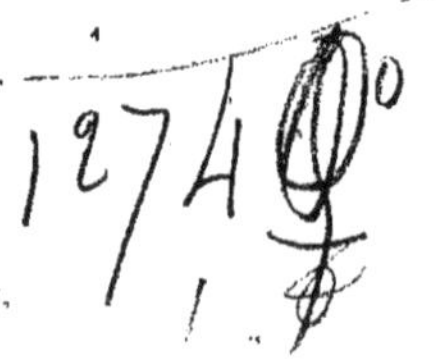

# HOOGH (Peter de)

**15.** — Une dame portant un petit chien sur ses genoux.

Elle tient à la main un verre de vin et s'entretient avec deux cavaliers, dont l'un est debout près d'elle; un page est derrière eux. Plus loin, devant une croisée, deux personnages jouent aux cartes; à droite un lit à baldaquin vert.

Ce beau tableau a fait partie de deux célèbres collections.

Collection du comte N. Alexandrovich.

Collection du comte Pouschkine.

Toile. Haut. 63 cent. Larg. 75 cent.

# NETSCHER (G.)

**16.** — Le Concert d'amateurs.

Une femme assise, ayant un petit chien sur ses genoux et tenant un cahier de musique, chante accompagnée par un homme jouant de la flûte; une dame et son cavalier, auxquels un petit nègre offre des rafraîchissements, les écoutent avec attention.

Cette jolie composition est complétée par une table recouverte d'un de ces beaux tapis que Netscher rendait avec un fini si précieux; quelques fruits sont posés sur cette table.

Toile. Haut. 64 cent. Larg. 52 cent.

# OSTADE (Ad.)

### 17. — Le Joueur de vielle.

Devant une auberge, une famille de paysans écoute un joueur de vielle ; assis en dehors, le père tient d'une main un verre de bière et de l'autre une pipe ; sept enfants sont groupés autour du musicien : l'un d'eux sur le devant, assis à terre, tourne le dos au spectateur. Dans l'intérieur de la maison, la mère contemple cette scène appuyée sur une demi-porte ; à côté d'elle est un serviteur ; à droite, au second plan, trois paysans assis autour d'un tonneau boivent et fument en devisant. On voit, au fond, des arbres et une habitation ; un coq et deux poules picotent çà et là.

Gravé.

Collection du général Betzky, à Saint-Pétersbourg.

Collection de l'amiral Reibak.

Bois. Haut. 30 cent. Larg. 25 cent.

# REMBRANDT (Signé, daté 1632)

### 18. — Portrait de la sœur de l'artiste.

Elle est coiffée d'une toque ornée de galons d'or ; elle porte un collier et des boucles d'oreilles en perles ; un fichu de gaze, posé sur ses épaules, complète sa toilette.

Collection Gentil de Chavagnac.

Ovale. Toile marouflée. Haut. 68 cent. Larg. 53 cent

# TERBURG

### 19. — La Visite.

Une jeune dame richement vêtue d'une robe de satin blanc garnie de broderies d'argent, les bras ornés de perles, et sur les épaules de laquelle tombent de beaux cheveux blonds bouclés, s'est levée de sa chaise pour saluer deux personnages de distinction qui viennent d'entrer dans le salon suivis d'un bel épagneul; près d'une table recouverte d'un riche tapis, une autre jeune femme, habillée d'un pardessus bleu brodé d'or orné de rubans rouges et tenant un éventail à la main, est assise à côté d'un cavalier. Un page leur offre des rafraîchissements; près d'eux est un petit chien.

Ce tableau provient d'une ancienne collection d'Angleterre.

Toile. Haut. 90 cent. Larg. 1 mèt.

# VELDE (Guillaume Van den)

### 20. — Marine. Calme.

La pleine mer est couverte d'un grand nombre de vaisseaux disposés de la manière la plus pittoresque. L'attention se porte principalement sur une corvette de guerre vue de flanc et saluant une chaloupe à six avirons emmenant sans doute le chef de l'escadre qu'on aperçoit entouré de ses officiers et précédé d'un trompette.
Collection Duval de Genève.

Toile. Haut. 1 mèt. 75 cent. Larg. 1 mèt. 3 cent.

# WEENIX (Jean)

### 21. — Chien de chasse.

Il garde un lièvre, des perdrix et divers oiseaux d'un riche plumage, déposés dans un parc, devant un piédestal supportant un groupe d'enfant en marbre blanc.

Toile. Haut. 1 mèt. 25 cent. Larg. 1 mèt. 5 cent.

# ÉCOLE ITALIENNE

## SACCHI (And.)

**22.** — Sainte Famille.

Bois. Haut. 80 cent. Larg. 54 cent.

## TITIEN

**23.** — La Sainte Vierge assise auprès d'un arbre.

Elle soutient debout sur ses genoux l'enfant Jésus, auquel une sainte prosternée présente une corbeille de fleurs; un ange écarte le voile qui recouvre la tête de la sainte pour que le divin enfant puisse contempler ses traits; près d'eux, en arrière, saint Joseph et saint Sébastien, ce dernier, reconnaissable aux flèches, attributs de son martyre; à gauche, saint Pierre, tenant d'une main les clefs du paradis et de l'autre écrivant sur un livre posé sur ses genoux; un bœuf, dont on n'aperçoit que la tête, est couché à ses pieds.

# OBJETS D'ART

## Marbres sculptés et Terre cuite.

24 — Magnifique sculpture en marbre blanc, par Clésinger.

Enfant faune couronné de pampres, grandeur nature, assis sur un rocher.

Un des meilleurs spécimens du maître.

25 — Buste de madame Dubarry, grandeur nature, en terre cuite, par Pajou, 1775. (Signé.)

Délicieuse production de ce maître, exécutée d'après nature.

26 — Grand et beau groupe en marbre blanc sculpté; enfant, grandeur nature, couronné de pampres, assis sur une chèvre couchée et jouant avec un petit chevreau.

Signé Rouillard, 1847.

Larg. 1 mèt. 5 cent. Haut. 1 mèt.

27 — Grande et belle vasque en marbre blanc sculpté, à deux étages; elle est formée de trois grandes coquilles, modèle dit bénitier, posées sur un balustre de coquilles de différentes natures et à piédouche de forme triangulaire à moulures. Trois statuettes d'enfants nègres dansant, en bois sculpté peint, et doré, et soutenant des draperies et des guirlandes de fleurs, entourent le balustre.

Haut. 1 mèt. 65 cent. Larg. 1 mèt. 20 cent.

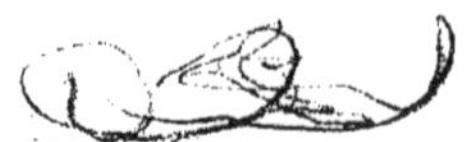

# DEUXIÈME VACATION

LE MERCREDI 3 AVRIL 1861

## Tabatières et Bonbonnières.

28 — Grande et magnifique tabatière carrée, en vernis de
Martin, fond rouge rehaussé de treillages dorés, orné
de miniatures, sujets champêtres d'après Watteau,
sur toutes ses faces extérieures ainsi qu'à l'intérieur
du couvercle; elle est montée à gorge en or.

29 — Grande tabatière de forme ovale, en or ciselé, ornée de
médaillons jeux d'enfants, gravés et émaillés en
camaïeu gros bleu. Les montants sont ornés de figu-
rines d'enfants ciselées en relief. Sur le couvercle se
trouve le portrait de Charles de Lorraine, gouverneur
des Pays-Bas.

30 — Grande et belle tabatière, en or ciselé en relief, à trophées d'armes, mascarons et guirlandes de fleurs,

ornée de six médaillons émail plein : Épisodes de la chasse au lion et de la chasse au tigre.

31 — Belle tabatière de forme ovale en or émaillé, figurant des agates arborisées sur fond rose. Les encadrements sont ciselés en relief et émaillés de couleurs variées : le couvercle est enrichi d'une peinture sur émail, Trophées de musique soutenus par deux petits génies.

32 — Tabatière de forme ovale, en or émaillé vert ; les encadrements en or vert, ciselé en relief, sont émaillés en jaune en partie. Le couvercle est orné d'une peinture sur émail, artiste peintre dans son atelier.

33 — Petite boîte de forme ovale, en or émaillé, imitant les agates herborisées sur fond opalin ; les encadrements, ciselés en relief, sont émaillés de belles couleurs variées.

34 — Petite boîte de forme ovale en or émaillé gros bleu. Les encadrements, ciselés en relief, sont ornés de belles couleurs variées.

35 — Très-jolie boîte de forme ovale, en vernis Martin, fond rouge, montée et doublée en or, à cordons à ornements repercés à jours, et le corps orné de festons de lauriers en or ciselé. Le couvercle est enrichi d'un petit médaillon : Amour allumant le feu d'un autel au moyen d'une lentille.

36 — Bonbonnière ronde, en or émaillé, fond gros bleu et à queue de paon ; encadrements ciselés en relief à feuillages émaillés de couleurs variées.

37 — Petite boîte ovale, en or guilloché et à cordons ciselés.

38 — Petite tabatière carrée en jaspe sanguin, montée à cage en or, à ornements Bêche. Le couvercle enrichi de fleurs et feuillages en diamants, rubis et émeraudes.

39 — Grande boîte carrée en jaspe-héliotrope, gravé à spirales, montée à cage en or ciselé et à filets émail blanc. Le bec est enrichi de roses de Hollande et de deux rubis d'Orient.

40 — Bonbonnière de forme octogone haute, en cristal de roche, à fond et couvercle taillés à degrés, montée à gorge en or gravé.

41 — Petite boîte ovale, à cuvette en cristal de roche, montée à gorge, en or gravé à chaînette.

42 — Petite montre en or émaillé gros bleu, à cordons ciselés en relief, émaillés de couleurs variées. Époque Louis XVI.

# Porcelaines de Chine & de Sèvres.

43 — Très-beau cabaret en ancienne porcelaine de Sèvres, pâte tendre, fond gros bleu, à médaillons oiseaux et riches bordures d'or; composé de : douze tasses, forme cul de poule, et trois grandes pièces.

44 — Deux aigles en ancienne porcelaine de Chine, émaillés au naturel et posés sur des rochers. Pièces rares. Socles ronds à griffes de lion, en bronze ciselé et doré au mat.

Haut. totale 72 cent.

45 — Grande et belle jardinière de forme ronde en ancienne porcelaine de Chine, dont le pourtour est richement décoré d'une composition très-curieuse : Chasse au cerf et au faucon, émaillée de belles couleurs. Socle élevé en bois de fer sculpté.

Haut. du vase 51 cent. Diam. 60 cent. Haut. total 1 mèt. 35 cent.

46 — Grande et belle vasque ronde en ancienne porcelaine de Chine décorée de fleurs et d'oiseaux émaillés de couleurs variées. Deux têtes de chimères forment les anses.

Diam. 56 cent. Haut. 38 cent.

47 — Une autre, de même forme, à médaillons camaïeu grisaille rehaussés d'or.

Diam. 58 cent. Haut. 40 cent.

48 — Deux grands et beaux vases en porcelaine de Chine émaillée, à médaillons : Choc de cavalerie tartare.

Haut. 1 mèt. 25 cent.

48 *bis* — Deux autres grands vases à peu près semblables.

Haut. 1 mèt. 25 cent.

## Objets divers.

49 — Très-beau Christ en bois sculpté, sur socle enrichi de dix bas-reliefs, sujets de sainteté.

Haut. 80 cent.

50 — Très-belle boîte carrée en laque aventuriné du Japon, à arbres, feuillages et animaux divers dorés en relief, contenant une écritoire chinoise. L'intérieur de cette boîte est aussi riche et aussi fini que l'extérieur.

# Bronzes meublants.

51 — Très-grande et magnifique pendule en bronze ciselé et
doré au mat, de style Louis XVI. L'Amour et la Raison,
composition de trois figures : femme assise et deux
Amours entourant une sphère en bronze bleui parse-
mée d'étoiles et contenant le cadran tournant. Socle
en marbre vert de mer enrichi de bronzes dorés au
mat et surmonté d'un contre-socle orné de plaques
en biscuit de Sèvres sur fond-bleu.

Cette pièce unique a été fabriquée par Thomire.
D'une charmante composition et du ciselé le plus
parfait, elle est remarquable par ses dimensions.

Les moules ont été brisés, et l'acquisition de cette
pièce donne droit à sa reproduction.

Long. 80 cent. Haut. 70 cent.

52 — Deux très-jolis petits candélabres du temps de Louis XVI ;
chacun d'eux se compose d'un vase en forme d'am-
phore en bronze bleui, monté sur quatre pieds de
biche se terminant à leur extrémité supérieure par
des enroulements formant les anses ; ces accessoires
ainsi que le bouquet d'œillets à trois lumières sont
en bronze finement ciselé et doré au mat. Socles
ronds en marbre blanc richement ornés de bronzes
dorés au mat.

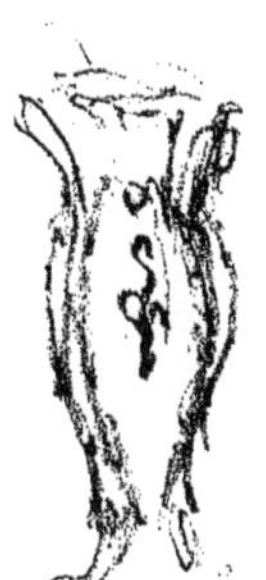

53 — Grand et très-beau lustre de salle à manger, à vingt lumières et quatre lampes Carcel, modèle à consoles, en bronze ciselé et doré à l'or moulu ; quelques parties sont émaillées vert.

54 — Deux très-grands et forts bras de salle à manger à sept lumières, ornés de volutes très-riches et finement ciselées, surmontées d'un vase émaillé vert et à guirlandes de lauriers, renfermant une lampe Carcel. Les branches, ornées de perles, se terminent en rinceaux. Le tout en bronze ciselé et doré à l'or moulu.

55 — Deux autres semblables.

56 — Deux autres semblables.

57 — Deux autres semblables.

Ces huit bras vont avec le lustre qui précède et sont uniques dans leur genre, les moules ayant été brisés.

58. — Très-beau lustre à cinquante-six lumières et à quatre lampes Carcel, modèle à consoles, en bronze très-finement ciselé et doré, style Louis XVI, garni de beaux cristaux.

59 — Un autre semblable. (Les moules ont été brisés.)

60 — Deux magnifiques bras de cheminée à six lumières chaque : l'un forme pendule et l'autre baromètre ; cadrans en émail bleu. Le tout est richement orné et

entouré de branches à feuilles de lierre attachées par un nœud avec glands en bronze ciselé et doré au mat dans le style de Gouthière. Un cygne en biscuit de Sèvres, retenu par des chaînes, complète l'ornementation de ces belles pièces, dont les moules ont été brisés.

61 — Deux très-beaux bras de cheminée à cinq lumières chaque, modèle à rinceaux, style Louis XVI ; ils sont surmontés d'un médaillon retenu par des chaînes en bronze très-finement ciselé et doré au mat, genre Gouthière ; le fond, d'émail gros bleu, permet d'y placer un chiffre ou des armes. (Les moules ont été brisés.)

62 — Deux grands et beaux bras à sept lumières chaque ; ils sont du même style et du même fini que les précédents.

63 — Deux grands et beaux bras à neuf lumières, modèle à console, surmontés d'un médaillon en émail bleu permettant d'y placer un chiffre ou des armes, et guirlandes de chêne enlacées. Les branches se terminent à rinceaux et soutiennent des guirlandes de perles. Le tout en bronze supérieurement ciselé dans le style de Gouthière et doré au mat. (Les moules ont été brisés.)

64 — Deux autres bras semblables.

65 — Deux autres bras semblables.

66 — Très-grande lampe à gaz ou à l'huile, à cinq lumières
soutenues par des génies ailés. Le culot est en bronze
bleui ; le reste des ornements est en bronze ciselé et
doré or moulu. (Les moules ont été brisés.)

67 — Deux très-grands vases torchères en bronze bleui ; le
bas est orné de roseaux et deux enfants-génies forment les anses. Ils supportent un couronnement de
vingt-cinq lumières à rinceaux étagés, et au centre
se trouve une lampe Carcel dorée. La panse de chacun
de ces vases et l'entre-deux des branches sont richement ornés de grappes de raisin, feuilles et ceps de
vigne de grandeur naturelle en bronze doré or moulu.
Socle en bois très-finement sculpté et doré à trois
pieds à griffes de lion.

Haut. totale, environ 2 mèt. 80 cent.

68 — Deux autres vases semblables à ceux qui précèdent.
Les moules ayant servi à la fabrication de ces objets
ont été brisés.

# Meubles.

69 — Deux grands et magnifiques meubles en bois d'ébène et à deux vantaux à glaces ; modèle à ressauts , soutenus par des colonnes cannelées supportant des volutes. Les frises sont ornées de quatre bas-reliefs représentant des Amours , alternés de plaques en agate orientale. La partie supérieure se termine par un congé à canaux creux, ornés de modillons. Le tout richement garni de bronzes ciselés et dorés au mat, style Louis XVI. Ces bronzes comparables par leur fini aux travaux de Gouthière, sont uniques et peuvent servir de modèles, les moules ayant été brisés ; les meubles eux-mêmes sont les seuls dans leur genre.

Tablettes en marbre vert de mer emborduré de marbre griotte rouge d'Italie et à moulures.

Larg. 1 mèt 40 cent. Haut. 1 mèt. 20 cent.

70 — Belle console à fond de glace, même modèle, mêmes ornements et même style que les meubles qui précèdent. Les ressauts sont ornés de plaques en lapis lazuli de Perse.

Larg. 1 mèt. 27 cent. Haut. 1 mèt.

71 — Magnifique guéridon rond en bois de rose, avec incrustations d'érable et à belle tablette en mosaïque de Florence dont le centre forme une étoile entourée de papillons, le tout en belles matières précieuses. Il est

supporté par quatre pieds de forme carrée et à côtés
rentrants se terminant par des chapiteaux d'ordre
ionique. Entre-jambes à entrelacs et à vase. Le meuble est orné de bronzes ciselés et dorés, style
Louis XVI, genre Gouthière. La frise est garnie de
rinceaux.

Diam. 80 cent. Haut. 80 cent.

72 — Très-joli meuble-applique pour renfermer des curiosités ;
une figurine d'enfant, en ronde bosse, assis et tenant
une mandoline, supporte l'étagère vitrée à trois faces,
modèle régulier, se terminant en corniche et ornée
d'un blason. Le tout en bois de chêne sculpté richement ornementé et en partie doré. Fond à volutes,
tablette en glace.

Haut. 1 mèt. 70 cent. Larg. 77 cent.

73 — Très-beau buffet de salle à manger en bois d'acajou
massif, à deux portes en ébène. Il supporte une étagère à une tablette soutenue par des rinceaux se terminant en tête de sanglier. Le fond, repercé à jour,
à entrelacs et frises à rosaces et chaînettes, est surmonté d'un médaillon et de deux belles branches de
lauriers. Le tout très-finement et très-richement sculpté à quadrilles et rosaces.

Larg. 1 mèt. 55 cent. Haut. 1 mèt. 80 cent.

74 — Autre buffet semblable.

75 — Un troisième semblable, ayant 1 mètre 45 cent. de larg.
et 1 mètre 85 cent. de haut.

76 — Grande et jolie étagère chinoise se terminant en pavillon, à deux tablettes en bois de fer, frises et galeries repercées à jour, à fleurs et colonnettes enrichies de dragons en ronde bosse. Sujets en relief, en ivoire et bois de couleurs.

Larg. 1 mèt. Haut. 2 mèt. environ.

77 — Grande et belle bibliothèque en ébène, forme régulière à pans coupés ; le bas est à deux portes pleines, le haut à glaces et orné d'une corniche ciselée avec perles en bronze doré. L'intérieur de tout le corps de la bibliothèque ainsi que les tablettes sont en bois de santal.

Larg. 2 mèt. Haut. 2 mèt. 80 cent. environ.

78 — Meuble en ébène, modèle régulier, à pans coupés et à deux portes en glaces. Galerie à entrelacs, repercée à jour, en bronze ciselé et doré au mat, ornée de perles. L'intérieur est en bois de santal.

Larg. 1 mèt. 60 cent. Haut. 1 mèt. 20 cent.

79 — Meuble de même style que les précédents.

Larg. 70 cent. Haut. 1 mèt. 35 cent.

80 — Belle console à tiroir, forme régulière, à ressauts, colonnes cannelées en bois d'ébène et frises à losanges en malachite incrustée. Elle est enrichie d'ornements en bronze doré et de chapiteaux ioniens. Tablette en marbre griotte rouge d'Italie, embordurè de marbre vert de mer sculpté à moulures.

Larg. 1 mèt. 30 cet. Haut. 1 mèt. 5 cent.

81 — Très-élégant et joli lit en bois de Saint-Laurent, à fleurs
et étoiles incrustées en ivoire gravé. Galerie du bas
à panneaux de canne, doublés de satin bleu ; montants en bois avec incrustations d'ivoire ; dossier capi-
tonné en satin bleu. Ce meuble vient de Venise.

82 — Meuble à hauteur d'appui en bois de Saint-Laurent, à
ornements incrustés en ivoire et gravés, à deux vantaux cannés, doublés de satin bleu, avec galerie à
balustres en ivoire et tablette de dessus en velours
bleu. Le fond et les tablettes intérieures sont en bois
de santal.

Larg. 1 mèt. 30 cent. Haut. 86 cent. Prof. 53 cent.

83 — Autre meuble semblable.

84 — Jolie petite bibliothèque à deux vantaux en glace, divisés
en quatre médaillons ovales allongés en bois de Saint-
Laurent. Même style que les précédents.

Larg. 1 mèt. Haut. 80 cent. Prof. 35 cent.

85 — Table de lit, forme carrée à quatre colonnes et deux tablettes. La partie supérieure contient un pupitre et
des rallonges pour l'étendre sur le lit. Le tout en
bois de Saint-Laurent enrichi d'incrustations et d'ornements en ivoire dans le style des meubles précédents.

Haut. 75 cent. Diam. 50 cent

86 — Petite étagère en bois de Saint-Laurent, avec incrustations et galerie d'ivoire ; porte en glace, intérieur à coulisse en bois de santal. Même style que les meubles précédents.

Haut. 35 cent. Larg. 1 mèt. Prof. 17 cent.

87 — Très-joli groupe en bois de chêne sculpté, composé de deux Amours en ronde bosse posés sur un socle très-richement sculpté et soutenant une corbeille jardinière.

88 — Groupe semblable au précédent.

Dessins de Lepaute.

89 — Meuble en marqueterie de Boule, première partie sur écaille rouge, à porte pleine, garni de bronzes. Tablette en marbre noir.

Haut. 1 mèt. 06 cent. Larg. 97 cent.

90 — Autre meuble semblable et de mêmes dimensions.

91 — Un troisième semblable aux précédents, mais à portes vitrées.

Haut. 1 mèt. Larg. 1 mèt. 60 cent.

92 — Lit de fer entièrement recouvert de damas de soie
rouge.

Long. 2 mèt. Larg. 1 mèt. 15 cent.

93 — Lit complet de forme anglaise, en fer recouvert de
housses en damas de laine vert piqué.

Long. 2 mèt. 25 cent. Larg. 1 mèt. 65 cent.

94 — Très-jolie console, en bois sculpté et doré, ornée
d'amours ; style Louis XV.

## Tapisseries.

95 — Grande et belle tapisserie des Gobelins : Louis XIV en
carosse traîné par six chevaux, rentrant au palais de
Versailles ; au premier plan, riche balcon orné de
vases de fleurs, draperies, oiseaux, instruments de
musique, etc., sur lequel s'appuie un jeune page
jouant avec un chien : Belle bordure ornée de figures,
de fleurs et d'ornements divers.

Cette tapisserie porte plusieurs fois répété le chiffre
couronné de Louis XIV.

Haut. 1 mèt. 90 cent. Long. 4 mèt. 50 cent.

96 — Autre grande tapisserie des Gobelins : Retour de la
cour, accompagnée d'une suite très-nombreuse, au
château de Chambord. Au premier plan, jeunes enfants, volatiles, draperies, coussins, etc.; bordure
semblable à celle qui précède.

*Haut. 2 mèt. 40 cent. Long. 5 mèt.*

97 — On vendra sous ce numéro les objets omis au présent
catalogue.

Paris. Imprimerie PILLET FILS AÎNÉ, rue des Grands-Augustins, 5

3 - Rez de Chaussée
3 - id
1 - Lucarne
1 - porte cour
7 Croisée et 1 Lucarne Carré
2 - Portes remise
1 - id Escalier
7 Croisées & mansarde
1 Croisée Cuisine
1 - porte cour
8 Croisées & Lucarnes sur la rue
    Ecurie
1 - porte
2 - Baies au fer
1 - id Etroite au rez de Chaussée
1 - Porte cochère
1 - porte cabinet D'ais a[pparence?] tour

14 - Baies et Lucarnes

www.ingramcontent.com/pod-product-compliance
Ingram Content Group UK Ltd.
Pitfield, Milton Keynes, MK11 3LW, UK
UKHW031736170726
13836UKWH00002B/701